Inhalt

Zweckgesellschaften - Neue Vorschläge des IASB zur Abbildung

Kernthesen

Beitrag

Fallbeispiele

Weiterführende Literatur

Impressum

Zweckgesellschaften - Neue Vorschläge des IASB zur Abbildung

A. Kaindl

Kernthesen

- Das IASB hat im Dezember 2008 den Standard-Entwurf "ED 10 Consolidated Financial Statements" vorgelegt.
- ED 10 enthält neue Vorschläge zur Identifikation von Mutter-/Tochterverhältnissen innerhalb der IFRS-Rechnungslegung.
- Der Entwurf verfolgt das Ziel, die Informationslage der Abschlussadressaten zu verbessern.
- Mit dem faktischen Beherrschungsverhältnis und der

ökonomischen Abhängigkeit haben zwei neue Aspekte Eingang in ED 10 gefunden.
- Die erforderlichen Angaben im Anhang erfuhren eine erhebliche Ausweitung.

Beitrag

Nach heftigen politischen Diskussionen rund um die Ursachen und Auswirkungen der Finanzkrise und die hiermit verbundene Rolle der Rechnungslegung hat das IASB neue Vorschläge zur Abbildung von Zweckgesellschaften veröffentlicht.

Heftige Kritik an den gegenwärtigen Rechnungslegungsvorschriften

Mehrere politische Seiten haben in 2008 gegenüber dem International Accounting Standards Board (IASB) die Forderung nach einer raschen Verbesserung der internationalen Bilanzierungs- und Offenlegungsvorschriften hinsichtlich nicht konsolidierter Zweckgesellschaften geäußert. Stark unter Kritik stand die bilanzielle Abbildung von Zweckgesellschaften im Rahmen sog. Off Balance

Sheet-Behandlungen. Der Standardsetter wurde aufgefordert, die Arbeit an den Schwachstellen der Rechnungslegungsvorschriften zu Bilanzierung und Offenlegung von nicht konsolidierten Zweckgesellschaften kurzfristig stark voranzutreiben. Das verfolgte Ziel war eine verbesserte Transparenz in der Finanzberichterstattung. (1), (2)

Wann liegt ein Beherrschungsverhältnis vor?

Auch nach den neuen Vorschlägen des ED 10 ist für die Konsolidierung eines anderen Unternehmens die Möglichkeit, das andere Unternehmen zu beherrschen, der entscheidende Punkt. Von Beherrschung ist dann auszugehen, wenn das bilanzierende Unternehmen die Aktivitäten eines anderen Unternehmens bestimmen kann, um hieraus Rückflüsse für sich zu erwirtschaften. Das Beherrschungsverhältnis basiert also auf zwei wesentlichen Elementen: Der Möglichkeit der Bestimmung von Aktivitäten und der Möglichkeit der Rückflusserzielung. (1), (2)

Die Beherrschungsmacht kann gemäß der Logik in ED 10 nicht bei mehreren Parteien liegen. Falls sich mehrere Parteien die Möglichkeit die Aktivitäten eines Unternehmens zu bestimmen teilen, muss das Vorliegen eines Joint Ventures geprüft werden. (2)

Einführung des Begriffs "strukturierte Unternehmen"

In ED 10 werden Zweckgesellschaften als "strukturierte Unternehmen" bezeichnet. Der Begriff der "strukturierten Unternehmen" wird durch den Standard-Entwurf neu eingeführt. Die Aktivitäten eines strukturierten Unternehmens sind in einem solchen Ausmaß eingeschränkt, dass der Einfluss auf die strategische Finanz- und Geschäftspolitik nicht nach denjenigen Prinzipien festgestellt werden kann, wie sie für Unternehmen gelten, die durch die Ausübung von Stimmrechten in den relevanten Gremien gesteuert werden. (1)

Neuerungen des Standard-Entwurfes

Neben der Möglichkeit, die Beherrschung mittels Stimmrechtsmehrheit in den relevanten Gremien des anderen Unternehmens ausüben zu können, verankert der Standardentwurf erstmals die Möglichkeit der Beherrschung aufgrund faktischer Verhältnisse. (1)

Außerdem sind nach den Vorschlägen des IASB bei der Analyse der Beherrschungsmöglichkeit auch ökonomische Abhängigkeiten eines anderen Unternehmens vom bilanzierenden Unternehmen zu berücksichtigen. Solche ökonomischen Abhängigkeiten können sich z.B. durch für das andere Unternehmen besonders wichtige Kundenbeziehungen mit dem berichtenden Unternehmen ergeben. Nach den Vorschlägen in ED 10 führen diese Abhängigkeiten für sich genommen nicht zu der Möglichkeit, die Aktivitäten des anderen Unternehmens zu bestimmen. Allerdings sind sie im Rahmen einer Gesamtbetrachtung aller für diese Analyse relevanten Gegebenheiten und Vereinbarungen (Stimmrechte, Verträge etc.) als ein Aspekt unter mehreren zu berücksichtigen. (1), (2)

Verglichen mit den bisherigen Angabepflichten verlangt ED 10 eine Vielzahl neuer Informationen für den Anhang. Diese sollen es dem Abschlussleser ermöglichen, die Grundlagen für das Vorliegen bzw. Nicht-Vorliegen einer Beherrschungsmöglichkeit und die bilanziellen Konsequenzen nachzuvollziehen: (1), (2)

Die wesentlichsten Angabepflichten umfassen zunächst Ausführungen zu den Grundlagen für die Beherrschung eines anderen Unternehmens und zu den diesbezüglich getroffenen Annahmen und Ermessensentscheidungen durch das bilanzierende Unternehmen. Des Weiteren muss das berichtende Unternehmen Informationen über den Einfluss nicht beherrschender Gesellschafter bereitstellen. Diese sollen es dem Abschlussleser ermöglichen, den Anteil der nicht beherrschenden Gesellschafter an der wirtschaftlichen Leistung, den Cash-flows und dem Reinvermögen zu beurteilen. Außerdem sind vom berichtenden Unternehmen Verfügungsbeschränkungen und Restriktionen bezüglich konsolidierter Vermögenswerte und Schulden offen zu legen. Beispielsweise ist das Ausmaß, in dem nicht beherrschende Gesellschafter die Aktivitäten der Zweckgesellschaft beschränken können, anzugeben.

Die wohl relevanteste von ED 10 vorgeschlagene Änderung betrifft die neue Anforderung, die Beziehungen zu nicht konsolidierten strukturierten Unternehmen ausführlich zu erläutern. Es müssen die Art und das Ausmaß der Verbindungen zu nicht konsolidierten strukturierten Unternehmen sowie die Art, das Ausmaß und die Änderungen der damit verbundenen Risiken angegeben werden. Zur Konkretisierung dieser generellen Anforderungen enthält ED 10 einen umfangreichen Katalog einzelner Angabepflichten.

Würdigung der Vorschläge

Nach einer ersten Würdigung von ED 10 ist noch keine generelle Aussage darüber möglich, ob die neuen Vorschläge zu einer verstärkten Konsolidierungspflicht jener strukturierten Unternehmen führen werden. Mit dem faktischen Beherrschungsverhältnis und der ökonomischen Abhängigkeit haben zwei neue Aspekte Eingang in ED 10 gefunden. Dies spricht tendenziell für eine Ausweitung des Konsolidierungskreises. Aber bezüglich der Regelungen zur Konsolidierungspflicht von Zweckgesellschaften (strukturierten Unternehmen) sind auf den ersten Blick keine deutlichen inhaltlichen Unterschiede gegenüber den aktuellen Vorschriften erkennbar. Es ist daher zu erwarten, dass das IASB noch präzisere Anpassungen zur Beurteilung der Konsolidierungspflicht von Zweckgesellschaften am Standardentwurf vornehmen wird. Deutlich erkennbar ist allerdings die Absicht des IASB, die Informationslage für die Adressaten der Abschlüsse hinsichtlich der ökonomischen Auswirkungen von Verbindungen berichtender Unternehmen zu strukturierten

Unternehmen zu verbessern. (1), (2)

Mögliche Auswirkungen auf die Bilanzierungspraxis

Die Abgrenzung des Konsolidierungskreises stellt in der Praxis eine gleichermaßen komplexe wie für die Kapitalmarktkommunikation sehr wichtige Aufgabe für die berichtenden Unternehmen dar. Die Deutsche Prüfstelle für Rechnungslegung legt regelmäßig einen ihrer Schwerpunkte auf die Überprüfung des Konsolidierungskreises, insbesondere auf die Konsolidierung von Zweckgesellschaften. Daher stellt sich für die Unternehmen die Frage, wie sich die Regelungen des ED 10 auf den Konsolidierungskreis auswirken würden, falls der Standard in der vorliegenden Form durch das IASB verabschiedet wird. (2), (4)

Aufgrund der im Zusammenhang mit der Finanzkrise häufig kritisierten bilanziellen (Nicht-)Abbildung von Zweckgesellschaften, muss besonders kritisch hinterfragt werden, ob nach den neuen Regelungen des ED 10 ggf. eine bisher nicht vorgenommene Einbeziehung eines Unternehmens in den Konsolidierungskreis künftig erforderlich wird. (2)

Berichtende Unternehmen, die bei der Analyse der Beherrschungsmöglichkeit in Bezug auf andere Unternehmen rein faktische Gegebenheiten nicht berücksichtigt haben, müssen bei einer endgültigen Verabschiedung des Standards in der vorliegenden Form ihre Beteiligungen dahingehend untersuchen, ob nicht tatsächlich eine (faktische) Beherrschungsmöglichkeit vorliegt und damit eine Konsolidierung der betroffenen Unternehmen notwendig wird. (2)

Falls die derzeitigen Vorschläge durch das IASB final verabschiedet werden, kommt auf die nach IFRS bilanzierenden Unternehmen - insbesondere solche, die Verbindungen zu strukturierten Unternehmen aufweisen - eine Vielzahl neuer Anhangsangaben zu. Die Pflicht zur Erläuterung der Ermessensentscheidungen, die das Management bei der Beurteilung der Beherrschung getroffen hat, wird viele Unternehmen vor eine große Herausforderung stellen. (2)

Fallbeispiele

Entsprechend ED 10 kann ein faktisches

Beherrschungsverhältnis zum Beispiel dann vorliegen, wenn das bilanzierende Unternehmen über mehr Stimmrechte verfügt als alle anderen mit dem Unternehmen verbundenen Parteien. Die anderen Stimmrechte müssen sich im Streubesitz befinden und dürfen untereinander nicht organisiert sein um bspw. eine gemeinschaftliche Stimmrechtsausübung umzusetzen. Damit können in der Zukunft Präsenzmehrheiten auf Hauptversammlungen auch ohne absolute Mehrheit der Stimmrechte ein Beherrschungsverhältnis begründen. (1)

Eine Bank muss für jeden Kredit ein bestimmtes Mindestmaß an Eigenmitteln vorhalten. Diese Vorschrift setzt den Banken eine gewisse Grenze für ihre Kreditvergabe. Allerdings sind in der Vergangenheit viele Banken diese Regeln gezielt umgangen. Die Banken verlagerten Kredite in außerbilanzielle "Zweckgesellschaften". Dies minderte den Eigenkapitalbedarf, trotzdem flossen den Banken die Gewinne ihrer "Schattenbanken" zu mit der Folge, dass die Eigenkapitalrendite stieg und damit oft auch der Bonus der Bankmanager. (3)

Weiterführende Literatur

(1) IASB erneuert Bilanzierung von Zweckgesellschaften

aus Börsen-Zeitung, 20.12.2008, Nummer 247, Seite 12

(2) Die neuen Vorschläge des IASB zur Abbildung von Tochter- und Zweckgesellschaften in ED 10 Neukonzeption des Control-Begriffs und Ausweitung der Anhangangaben
aus Kapitalmarktorientierte Rechnungslegung, Heft 1 vom 2.1.2009, Seite 61 - 73

(3) Die Aufsicht legt den Banken Zügel an
aus Frankfurter Allgemeine Sonntagszeitung, 18.01.2009, Nr. 3, S. 34

(4) DPR gibt Prüfungsschwerpunkte für 2009 bekannt
aus FINANZ BETRIEB, Heft 01 vom 5.1.2009, Seite 4

Impressum

Zweckgesellschaften - Neue Vorschläge des IASB zur Abbildung

Bibliografische Information der deutschen Nationalbibliothek

Die Deutsche Nationalbibliothek verzeichnet diese Publikation in der deutschen Nationalbibliografie; detaillierte bibliografische Daten sind im Internet über http://dnb.d-nb.de abrufbar.

ISBN: 978-3-7379-1372-0

© 2015 GBI-Genios Deutsche Wirtschaftsdatenbank GmbH, Freischützstraße 96, 81927 München, www.genios.de

Alle Rechte vorbehalten. Dieses Werk ist einschließlich aller seiner Teile – z.B. Texte, Tabellen und Grafiken - urheberrechtlich geschützt. Jede Verwertung außerhalb der Grenzen des Urheberrechtsgesetzes bedarf der vorherigen Zustimmung des Verlags. Dies gilt insbesondere auch für auszugsweise Nachdrucke, fotomechanische

Vervielfältigungen (Fotokopie/Mikroskopie), Übersetzungen, Auswertungen durch Datenbanken oder ähnliche Einrichtungen und die Einspeicherung und Verarbeitung in elektronischen Systemen.